Rochus Stobbe

Server Based Computing als Alternative zu Best Practices

GRIN Verlag

Bibliografische Information der Deutschen Nationalbibliothek:

Die Deutsche Bibliothek verzeichnet diese Publikation in der Deutschen National-
bibliografie; detaillierte bibliografische Daten sind im Internet über http://dnb.d-
nb.de/ abrufbar.

Impressum:

Copyright © 2009 GRIN Verlag GmbH
Druck und Bindung: Books on Demand GmbH, Norderstedt Germany
ISBN: 978-3-656-04026-2

Dieses Buch bei GRIN:

http://www.grin.com/de/e-book/180927/server-based-computing-als-alternative-
zu-best-practices

GRIN - Your knowledge has value

Der GRIN Verlag publiziert seit 1998 wissenschaftliche Arbeiten von Studenten, Hochschullehrern und anderen Akademikern als eBook und gedrucktes Buch. Die Verlagswebsite www.grin.com ist die ideale Plattform zur Veröffentlichung von Hausarbeiten, Abschlussarbeiten, wissenschaftlichen Aufsätzen, Dissertationen und Fachbüchern.

Besuchen Sie uns im Internet:

http://www.grin.com/

http://www.facebook.com/grincom

http://www.twitter.com/grin_com

FOM Fachhochschule für Oekonomie & Management
Frankfurt am Main

BERUFSBEGLEITENDER STUDIENGANG ZUM/ZUR
BACHELOR OF SCIENCE (WIRTSCHAFTSINFORMATIK)
3. SEMESTER, WINTERSEMESTER 2009

SEMINARARBEIT (IT-INFRASTRUKTUR)

„SERVER BASED COMPUTING -
ALS ALTERNATIVE ZU BESTPRACTICES"

Verfasser: Rochus Stobbe

Karben, den 15. März 2010

INHALTSVERZEICHNIS

ABKÜRZUNGSVERZEICHNIS

TC	Thin Client
IT	Informationstechnik
WAN	Wide Area Network
CAD	Computer Aided Design
SSD	Solid State Drive
FC	Fat Client
GUI	Grafische Benutzeroberfläche
SAP	Unternehmensname
GPRS	General Packet Radio Service
UMTS	Universal Mobile Telecommunications System
ERP	Enterprise Resource Planing
SBC	Server Based Cmputing

ABBILDUNGSVERZEICHNIS

1. Einleitung

Server Based Computing bietet in Hinsicht auf Management, Sicherheit und Wirtschaftlichkeit viele Vorteile gegenüber den klassischen PC-Umgebungen. Zudem werden Ressourcen gespart und der Energiebedarf drastisch gesenkt. Mit dem Titel „Green IT" kann diese Tatsache sogar zu einem Imagegewinn des Unternehmens führen.

Durch die Verlagerung der Komplexität von Desktop-Support auf die Server werden die IT-Abteilungen von zusätzlichen Wartungs- und Betreuungsaufgaben der so genannten Fat Clients entbunden. Auf die Bedeutung dieses Begriffs wird im weiteren Verlauf näher eingegangen.

Bei Server Based Computing werden die Anwendungen und Informationen auf dem Server verwaltet und über das Netzwerk den Nutzern zur Verfügung gestellt. Dadurch bleiben die Informationen und Anwendungen in Hinblick auf Sicherheit und Verlust geschützt.

Diese Hausarbeit stellt eine Übersicht über Server Based Computing und der darin benutzen Thin Clients dar und beschreibt Vor- beziehungsweise Nachteile dieser Technik.

2. Eigenschaften

2.1 Definition Server Based Computing

Bei Server Based Computing werden die Anwendungsprogramme in einem Client-Server-System auf einem oder mehreren PCs bereitgestellt.[1] Diese Rechner können leistungsstarke PCs oder Thin Clients sein.

Die komplette Verarbeitung der Daten und die Rechenleistung laufen auf den Servern ab und die Ergebnisse werden über das Netzwerk zurück an den Client gegeben. Auf der Clientseite geschieht nur die Eingabe von Befehlen über die Tastatur, die an den Server geschickt werden.

---

[1] Vgl. : http://de.wikipedia.org/wiki/Server_based_Computing, Stand : 15.11.2009

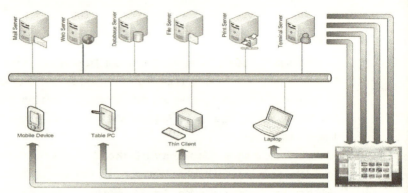

Abbildung 1: Server Based Computing[2]

Wie bei dem Vorbild des SBCs, der Mainframe-Umgebung, werden nicht die Nutzdaten, sondern Benutzereingaben, Video- und Audioausgabe zwischen Server und Client ausgetauscht.

2.2 Geschichte

Hinter Server Based Computing steckt keine neue Technologie, sondern ein über Jahrzehnte in der Großrechnerwelt bewährtes Verfahren der Informationsverarbeitung.[3]

Schon in den fünfziger und sechziger Jahren gab es Terminals, so genannte „Green Screens", die nur für die Dateneingabe und – ausgabe zuständig waren und selbst über keine größere Rechenleistung verfügten. Diese Terminals waren meistens mit Großrechnern, wie zum Beispiel dem Mainframe verbunden.[4] Diese Großrechner waren schon damals multi-user und multi-tasking-fähig und konnten von mehreren Anwendern im so genannten Timesharing-Verfahren zur gleichen Zeit genutzt werden. Dem Benutzer wurden dabei kleinere Zeitintervalle auf dem Mainframe zugeteilt, die rotierend nacheinander abgearbeitet wurden. So entstand der Eindruck dass der Großrechner nur dem Anwender selbst zur Verfügung stünde.[5] Der Benutzer gab seine Eingabe am Terminal mit der Tastatur ein, diese wurden an den Mainframe gesendet und dort verarbeitet. Die Ausgabe geschah wiederum am Terminal. Der Name „Green Screen" resultiert aus dem Aussehen

---

[2] Eigene Darstellung in Anlehnung an http://it.umsicht.fraunhofer.de/TCecology/docs/TCecology2008_de.pdf, Stand 03.01.2010

[3] Vgl. http://cc-asp.fraunhofer.de/docs/PCvsTC-de.pdf, Stand: 20.02.2010

[4] Vgl. http://cc-asp.fraunhofer.de/docs/PCvsTC-de.pdf, Stand: 20.02.2010

[5] Vgl. http://it.umsicht.fraunhofer.de/TCecology/docs/TCecology2008_de.pdf, Stand 03.01.2010

der Terminals. In dieser Zeit war die Schrift auf dem Monitor in grüner Farbe gehalten.

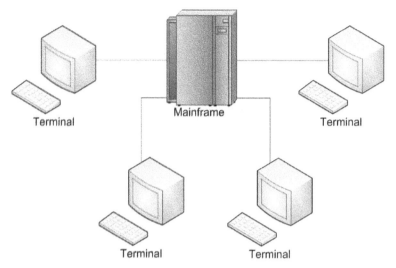

Abbildung 2: Mainframe mit Terminal[6]

Wie auf der Abbildung zu sehen sind, sind alle Clients direkt an den Mainframe angeschlossen. Es gab noch keine Netzwerkinfrastruktur.

Durch die Entwicklung des Betriebssystems Unix und die Entwicklung des TCP/IP-Netzwerkes wurde die Kommunikation mit dem Großrechner komfortabler. Es konnten jetzt grafische Oberflächen erzeugt werden und an die Terminals übermittelt werden.[7]

Anfang der achtziger Jahre kamen dann die IBM PCs auf den Markt und sorgten durch die Kompatibilität mit Microsoft für deren Siegeszug des Betriebssystems MS-DOS. Später folgte Microsoft Windows, der im Gegensatz zu MS-DOS über eine grafische Oberfläche verfügte. Daraus resultierte dann das Massenprodukt Computer. Der PC wurde billiger und dadurch interessant für den Heimgebrauch und für den Einsatz in Unternehmen. In Firmen gab es eine Veränderung von der Terminallösung zur Client-Server-Technologie. Bei dieser wurde die Arbeit lokal auf

---

[6] Eigene Darstellung in Anlehnung an http://it.umsicht.fraunhofer.de/TCecology/docs/TCecology2008_de.pdf, Stand 03.01.2010
[7] Vgl. http://it.umsicht.fraunhofer.de/TCecology/docs/TCecology2008_de.pdf, Stand 03.01.2010

den Workstations vollbracht und danach über die Server verteilt, gedruckt und auf diesen gelagert.[8]

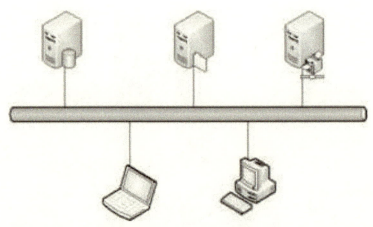

Abbildung 3: Server-Client-Technologie[9]

2.2 Thin Clients

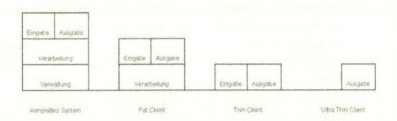

Abbildung 4: Unterschied Thin Clients gegenüber Fat Clients[10]

In der elektronischen Datenverarbeitung werden Thin Clients als Terminal beziehungsweise Endgerät in Netzwerken genutzt. TC sind abgespeckte PCs, die im Wesentlichen nur zur Ein- und Ausgabe von Daten dienen. Die Verarbeitung

---

[8] Vgl. http://it.umsicht.fraunhofer.de/TCecology/docs/TCecology2008_de.pdf, Stand 03.01.2010
[9] Eigene Darstellung in Anlehnung an http://it.umsicht.fraunhofer.de/TCecology/docs/TCecology2008_de.pdf, Stand 03.01.2010
[10] Eigene Darstellung in Anlehnung an: http://pics.computerbase.de/lexikon/25919/400px-Tier_Architekturen.png

läuft auf den Terminalservern ab, zu denen eine Verbindung über das Netzwerk besteht. Somit sind TC abhängig von der Verbindung zu den Servern, da bei einer getrennten Verbindung die Kommunikation mit dem Terminalserver nicht stattfindet.[11] Die Ausstattung des Thin Client ist im Gegensatz zum Fat Client rudimentär. Als Festplatte wird in den meisten Fällen eine SSD-Festplatte genutzt. Diese Festplatten ermöglichen einen schnellen Zugriff unter geringem Stromverbrauch. Ein weiterer wichtiger Punkt sind die Schnittstellen. An dem Gerät finden sich Anschlüsse für Maus, Tastatur, USB-Geräte, Monitor und serielle Anschlüsse. Bei den neueren Modellen finden sich zwei Monitoranschlüsse.[12] Die Vorteile des Thin Clients liegen auf der einen Seite in seiner Größe. Er ist um ein vielfaches kleiner als ein Fat Client und lässt sich dadurch auf die Rückseite eines Monitors befestigen.

Abbildung 5: Thin Client am Monitor befestigt.[13]

Auf der anderen Seite ist er durch den Verzicht von beweglichen Teilen, wie Lüfter oder Festplatte, nicht so störungsanfällig. Somit erhöht sich die Nutzungsdauer im Gegensatz zum FC von durchschnittlich drei auf fünf Jahre. Ein weiterer Vorteil ist der Beschaffungspreis des TC. Dieser liegt etwa 33% unter dem Preis eines FC.[14]

---

[11] Vgl. http://de.wikipedia.org/wiki/Thin_Client, Stand 12.01.2010
[12] Vgl. http://www.bitkom.org/files/documents/ThinClient_web.pdf, Stand 28.12.2009
[13] http://board.raidrush.ws/showthread.php?t=606052
[14] Vgl. http://cc-asp.fraunhofer.de/docs/PCvsTC-de.pdf, Stand: 20.02.2010

	Thin Clients	Workstation
Anwendungssoftware-management	Zentral verwaltet / Schnelle Installation	Muss auf jedem PC gewartet werden
Zuverlässigkeit	Keine beweglichen Komponenten, die versagen können	Festplatten, CD-Rom, Lüfter sind verschleißanfällig
Nutzungsdauer	5-8 Jahre	3-5 Jahre
Kaufpreis	Ca. 300 Euro	Ab 450 Euro
Jedem Anwender zur Verfügung stehende Rechenleistung	Abhängig von der Anzahl gleichzeitiger User auf dem Server und der Leistung des Servers	Dem User stehen 100% der Rechnerleistung zur Verfügung (diese wird oft nicht ausgenutzt)
Sicherheit: Datendiebstahl	Sicher, da Daten auf dem Server liegen	Festplatte kann aus dem PC genommen werden.
Für welche Art von Zielanwender	Firmenarbeitsplätze mit „normaler" PC-Leistungsanforderung	Power User (z.B. grafische Anwendungen) und für User die viel unterwegs sind
Installation/Wartung eines Arbeitsplatzes	Nur Betriebssystem und Client-Software / Wartung erfolgt auf Server	Komplette Softwareinstallation / Wartung erfolgt an jedem PC

Abbildung 6: Vergleich Thin Client gegenüber Workstation[15]

2.3 Software

Um SBC in einem Unternehmen benutzen zu können, wird neben Hardware noch die passende Software benötigt. Zu der Software, die SBC unterstützt, gehört Microsoft Windows Server seit der Version Windows Server 2000. Seitdem ist in dem Paket eine Terminalsoftware integriert, die das Arbeiten von mehreren Benutzern gleichzeitig an einer Applikation ermöglicht. Somit wird der Windows Server multiuserfähig. Vor der Version Windows Server 2000 musste ein eigenständiges Produkt, der Windows NT 4.0 Terminal Server Edition, erworben werden. Die vollständige industrieseitige Akzeptanz für SBC bekam Microsoft erst mit dem Windows Server 2003 R2.[16]

Die Microsoft Windows Server 2003/2008 bieten aber nur Grundfunktionen, die durch Implementierung anderer Software erweitert werden kann. Zu diesen Erweiterungen zählt der Citrix Presentation Server. Durch die Nutzung eines eigenen Anwenderprotokolls, dem ICA, wird eine schnellere und sicherere Verbindung ermöglicht als bei jeder anderen SBC-Software. Diese Vorteile werden

---

[15] Eigene Darstellung in Anlehnung an http://www.bitkom.org/de/themen/60123_45663.aspx
[16] Vgl. http://cc-asp.fraunhofer.de/docs/PCvsTC-de.pdf, Stand: 20.02.2010

gerade bei WAN-Verbindungen sichtbar und erleichtern gerade mobilen Geräten oder Heimanwendern das Arbeiten über den Terminalserver.

Bei der Anwendungssoftware muss darauf geachtet werden, dass diese bestimmte Richtlinien einhält. Dazu gehört, dass die Software nicht zu rechenintensiv und grafiklastig ist. Werden diese beiden Punkte nicht berücksichtigt, hat der Terminalserver zu viel Belastung und kann den Service nicht mehr jedem Benutzer zur Verfügung stellen. Ein Beispiel für grafik- und rechenintensive Software sind CAD oder Bildbearbeitungssysteme. Zusätzlich ist wichtig, dass die Anwendungssoftware für Multiusersysteme oder Terminalserver ausgelegt ist. Damit dieses gewährleistet ist, müssen spezielle Programmierrichtlinien eingehalten werden. Aktuell wird darauf bei der Programmierung von Anwendersoftware sehr großen Wert gelegt. Wenn dieses nicht der Fall ist, kann Software durch kleinere Änderungen der Konfiguration terminalfähig gemacht werden. Bevor Software auf dem Terminalserver in Betrieb genommen wird, sollte die Terminalserver-Verträglichkeit auf einem Testsystem betrieben werden. Somit wirken sich Komplikationen nicht auf die Betriebsumgebung aus und das Tagesgeschäft wird nicht gestört. Dies ist gerade für Software wichtig, für die es nicht ausdrücklich bestätigt wurde.

Im Vorfeld der Installation sollten auch die Lizenzfragen der Anwendungssoftware geklärt sein. Viele Softwareprodukte lassen eine Terminalserver-Installation durch ihre Lizenzbedingungen nicht zu. Um Probleme auszuschließen sollte der Hersteller der Software kontaktiert werden.[17]

2.4 Sicherheit

Es gibt viele Möglichkeiten in Client/Server-Netzwerken Daten aus den Unternehmen zu führen. USB-Sticks, CDs und DVDs sind preiswerte Möglichkeiten und in jedem Haushalt zu finden. Sinnvolle Kontrollen sind nahezu unmöglich, da die Medien heutzutage sehr klein sind. Zudem passen auf USB-Sticks die kompletten Daten einer Festplatte und können dank USB 2.0 schnell überspielt werden.

---

[17] Vgl. http://cc-asp.fraunhofer.de/docs/PCvsTC-de.pdf, Stand: 20.02.2010

Oftmals befinden sich alle Daten auch auf Client-PCs, was die Situation noch prekärer macht, da es möglich ist die komplette Festplatte zu entfernen und somit die kompletten Daten zur Verfügung stehen. Mit Server Based Computing und Thin Client werden diese Probleme minimiert. Die Daten liegen auf Servern, die im Serverraum stehen und mittels räumlicher Zutrittskontrolle abgeschirmt sind. Datenaustausch findet lediglich über die dafür definierten Schnittstellen wie Mailserver oder Firewalls statt.

Die Thin Clients verfügen über keine Laufwerke für CD und DVD und sind somit sicherer als Fat Clients, bei denen die Funktion des Laufwerkes erst deaktiviert werden müsste.[18]

Auch hinsichtlich des Virenschutzes bietet Server Based Computing erhebliche Vorteile. Die Überwachung des gesamten Netzwerkes durch die Virensoftware ist nicht nur kosten- und zeitintensiv, sondern bringt zudem eine erhöhte Auslastung des Netzwerktraffics mit sich. Beim Einsatz von Server Based Computing müssen hingegen nur wenige Terminalserver überwacht werden, da die Clients selbst keine Angriffsfläche für Viren und Trojaner darstellen.[19]

Nicht nur bei möglichen Angriffen von Schädlingen oder unkontrolliertes Entwenden von Daten, bietet das SBC zahlreiche Vorteile. Auch in den Punkten Datenverfügbarkeit und Datensicherheit bietet das Konzept ein sehr großes Potential. Im Kontext zu klassischen Client/Server-Netzen mit verteilten Datenstandorten kann einfach und mit geringem Aufwand eine effiziente Datensicherung und eine hochverfügbare, redundante Infrastruktur aufgebaut werden.

2.5 Mobilität

In diesem Unterpunkt werden SBC die größten Probleme nachgesagt. Der größte Nachteil ist die ständige Verbindung, die zum Terminalserver gehalten werden muss, damit ein reibungsloses Arbeiten ermöglicht wird.

In der heutigen Zeit ist ein mobiler Zugriff über UMTS, EDGE oder WLAN Hotspots in Großstädten und Ballungsgebieten kein schwieriges Unterfangen.

---

[18] Vgl. http://www.mittelstandswiki.de/Server-based_Computing,_Teil_2
[19] Vgl. http://www.mittelstandswiki.de/Server-based_Computing,_Teil_2

Für Heimanwender ist es durch die Datenübertragung via ISDN und DSL leicht möglich die Verbindung aufzubauen und diese über lange Zeiträume aufrecht zu erhalten, damit ein unterbrechungsfreies Arbeiten möglich ist. Somit hat SBC keine Schwierigkeit selbst Home-Office-Arbeitsplätze oder Außenstellen anzubinden. Doch gibt es diese Anbindung nicht überall in dieser ausgebauten Form. Oftmals schaffen es viele mobile Netze nur GPRS Geschwindigkeit anzubieten oder in 1-2% Deutschlands gar keine Verbindung aufzubauen.

Bei den externen Arbeitsplätzen und Notebooks müssen keine aufwendigen Datensicherungslösungen erstellt werden, weil auch hier die kompletten Daten auf dem Server im Unternehmen liegen. Zudem können alle Angestellten im Außendienst schnell auf die gleichen Daten zugreifen, da diese auf dem Terminalserver zeitnah geändert und zur Verfügung gestellt werden.

Zudem müssen externe Desktops und Laptops nicht mehr aufwendig verschlüsselt werden, damit die Daten gesichert sind. Auch ein Verlust oder Diebstahls eines Laptops bringt keinen großen Schaden mit sich, weil dadurch keine Daten verloren gehen.

Sicherheit bringt man ins SBC mit externen Thin Clients und Notebooks durch sichere VPN Verbindungen, das Betreiben einer Firewall und zusätzlicher Authentisierungsmechanismen, wie Smartcard oder Token. Bei dieser Art von Anmeldung muss der User zusätzlich zu seinem Usernamen und Passwort noch einen weiteren Sicherheitsaspekt beachten. Beim Token-Verfahren wird ein nach einem bestimmten Algorithmus generierter Schlüssel zusätzlich mit eingegeben. Bei der Authentifizierung via Smartcard steckt der User vor dem Anmeldevorgang seine persönliche Smartcard in das am Thin Client oder Notebook dafür vorgesehenen Kartenlesegerät ein.[20]

---

[20] Vgl. http://www.bitkom.org/files/documents/ThinClient_web.pdf, Stand 28.12.2009

3. Möglichkeiten des Einsatzes

SBC hat sich über viele Jahre bewährt und ist zu einer Technologie gewachsen, die nicht nur in Großunternehmen zu finden ist, sondern auch in kleineren Unternehmen eingesetzt wird. Es gibt viele Gründe, warum SBC genutzt wird. [21]

3.1. Kosten des Einsatzes

In den meisten Unternehmen finden sich Arbeitsplätze, auf deren PC nur Anwendungen, wie Microsoft Office, ein Webbrowser und eine ERP-Software installiert sind. Das Arbeitsaufkommen des Benutzers wird mit diesen Anwendungen abgedeckt. Wird für diese Arbeitsplätze dem User, anstatt eines PCs ein Thin Client in Verbindung mit SBC zur Verfügung gestellt, können verschiedene Support-Aufwände eingespart werden. Diese beziehen sich in den meisten Fällen nicht auf die Arbeit, sondern auf den PC. Unter diese Aufgaben fallen der Support bei Ausfall des PCs oder Hardwarekomponenten, Installation von Software vor Ort, Funktionsstörungen durch nicht autorisierter Software, kontrollieren des Virenschutzes und Wartungsaufgaben, wie Updates, Servicepacks und Patches. Die IT-Abteilungen der Unternehmen probieren diese Aufwände mit Sicherheitskonzepten, Gruppenrichtlinien und administrativen Beschränkungen so gering wie möglich zu halten. Doch leider wird dieses immer schwieriger. Ein Konzept um die Administration von Arbeitsplätzen zu vereinfachen sind Thin Clients. Sie sind nicht nur billiger in der Anschaffung, sondern vor allem in der Verwaltung. So wird der Support-Aufwand verringert, in dem die komplette Software, alle Patche, Servicepacks und Updates nur noch auf dem Server installiert werden müssen. [22]

3.2. Anwendungsbereitstellung

Oftmals müssen neue Programme oder neue Releases innerhalb kürzester Zeit auf allen Computern des Unternehmens installiert sein. In vielen Fällen verteilen sich diese PCs über mehrere Standorte und erschweren somit die Verteilung. Da diese Programme oft sehr wichtig für das Funktionieren des Betriebes sind und in Abhängigkeit zwischen Client-GUI und Backend stehen, ist ein Betrieb verschiedener Softwarestände oft nicht möglich. Aus diesem Grund muss der

---

[21] Vgl. http://cc-asp.fraunhofer.de/docs/PCvsTC-de.pdf, Stand: 20.02.2010
[22] Vgl. http://cc-asp.fraunhofer.de/docs/PCvsTC-de.pdf, Stand: 20.02.2010

Rollout der Software bestenfalls innerhalb eines Tages bewerkstelligt werden. Einzelne Installationen auf allen PCs ist bei großen Unternehmen keine Möglichkeit. Softwareverteilungsprogramme können eine Alternative sein, da sie Software eigenständig und Remote verteilen, bekommen aber Probleme bei zu unterschiedlichen Hardwarekomponenten und verschiedenen Systemen, zum Beispiel Betriebssysteme, Servicepacks und Updates. Außerdem müssen alle Festplatten über den nötigen Speicher auf der Festplatte verfügen. Zudem müssen im Vorfeld verschiedenste Tests durchgeführt und ausgewertet werden.

Wenn die Installation Remote geschieht, muss der PC entweder über das Netzwerk neu gestartet werden oder die Installation findet nach dem Einschalten des Benutzers am nächsten Tag statt. Hierbei ist zu beachten, dass es zu einem Arbeitsausfall kommt. Wenn viele Benutzer zeitgleich den PC starten, fällt eine Mehrbelastung des Netzwerkes an, die alle Installationen verlangsamt und auch den restlichen Netzwerkverkehr erlahmen lässt.

SBC bringt den Vorteil der Verteilung aber nicht nur bei der Komplettverteilung von Software. Auch wenn nur eine kleine Gruppe angesprochen werden soll, lässt sich dieses mit SBC elegant lösen. Die Software wird auf dem Terminalserver installiert und dank Berechtigungsgruppen einzelnen Benutzern oder Benutzergruppen zur Verfügung gestellt. Dabei ist es egal, ob der Arbeitsplatz-PC ein Fat Client oder ein Thin Client ist. Beide können mit der entsprechenden Client-Software auf die Anwendungen zugreifen.[23]

3.3. Spezielle Anwendungsbereitstellung

Es werden zwei speziellere Alternativen betrachtet. Auf der einen Seite der Fall, bei dem auf dem Arbeitsplatz-PC des Anwenders die Standardsoftware, wie Microsoft Office und ein Webbrowser, lokal installiert ist. Über den Terminalserver werde Anwendungen bereitgestellt, die besonders hoher Pflege bedürfen oder deren Lizenzkosten extrem hoch sind. Somit kann der Zugriff besser verwaltet werden und der die Software mit Updates einfacher versorgt werden. Damit ist die Software aktueller und einfacher mit den neusten Informationen zu bestücken, als auf einzelnen Einzelplätzen.[24]

Auf der anderen Seite nehmen wir den Fall, bei denen nur ein spezielles Programm auf dem PC verfügbar ist und die restliche Software über den Terminalserver

---

[23] Vgl. http://cc-asp.fraunhofer.de/docs/PCvsTC-de.pdf, Stand: 20.02.2010
[24] Vgl. http://www.bitkom.org/files/documents/ThinClient_web.pdf, Stand 28.12.2009

angeboten wird. Dieses Beispiel wird oftmals bei CAD-Systemen benutzt. Diese Systeme sind auf hohe Leistung des PCs angewiesen. Über den Terminalserver bekommt der Benutzer die Anwendungen, wie Office oder den Browser. Der Vorteil bei dieser Lösung ist, dass bei der Auswahl dieses PCs auf die Anforderungen der CAD-Systeme geachtet werden muss, aber nicht auf die Anforderungen der anderen Systeme. Somit kann ein anderes Betriebssystem genutzt werden, welches den Terminalclient unterstützt.[25]

3.4. Investitionsschutz

Sobald ein Unternehmen neue Software ausrollen möchte, ergeben sich folgende Probleme: Sind die PCs in Hinsicht auf Prozessor, Arbeitsspeicher und Festplatte groß genug für diese Software? Müssen die PCs im Unternehmensnetzwerk aufgerüstet werden?

Oftmals kommt es zu dem Fall, dass neue Investitionen oder das Aufrüsten der Hardware notwendig werden. Eine Alternative kann der Betrieb der Software über einen Terminalserver sein. In diesem Falle muss nur der Terminal-Client auf dem PC laufen. Dieser hat aber geringe Anforderungen an die Hardware und läuft auf neuen und alten Workstations. Somit kann das neue Programm auf jedem PC ausgeführt werden, sobald dieser mit dem Terminal-Client ausgestattet ist.

Zudem bietet SBC dem Unternehmen Schutz bei dem Umstieg von Betriebssystemen. Oftmals gibt es bestimmte Programme nicht für das Linux-Betriebssystem. In diesem Fall ist es notwendig eine Alternativsoftware zu finden. In diese müssen dann die Daten integriert werden und die Benutzer und Administratoren benötigen eine Schulung. Andere Software gibt es für Linux, die aber erst neu erworben werden muss. In diesem Fall kommt es zu hohen Ausgaben für Software, die nicht nötig gewesen wären. [26]

4. Risiken

SBC verfügt über verschiedene Risiken, die auf jeden Fall beachtet werden sollten. Ein wichtiger Punkt hierbei ist die Verfügbarkeit der Terminalserver. Sobald der Terminalserver von dem Thin Client nicht erreicht wird, kann mit diesem nicht mehr gearbeitet werden. Aus diesem Grund ist es nicht nur von großer Bedeutung, dass

---

[25] Vgl. http://cc-asp.fraunhofer.de/docs/PCvsTC-de.pdf, Stand: 20.02.2010
[26] Vgl. http://cc-asp.fraunhofer.de/docs/PCvsTC-de.pdf, Stand: 20.02.2010

es einen Backup des Servers gibt, sondern dass das Personal gut geschult ist, um im Notfall schnellstmöglich zu reagieren. Zudem sollte ein Notfallplan ausgearbeitet sein, der im Schadensfall in kurzer Zeit greift. Damit die Administratoren diese Schritte beherrschen, sollte eine umfassende Schulung beziehungsweise eine entsprechende Zertifizierung vorgenommen werden. Zudem sollten weitere Weiterbildungen folgen, damit die Administratoren auf dem neusten Stand der SBC-Technik bleiben.

Ein weiterer interessanter Punkt, der nicht aus dem Auge verloren werden sollte, sind die Mitarbeiter. Diese sollten im Vorfeld über die Einführung von SBC informiert werden. Ansonsten kann es dazu kommen, dass die Mitarbeiter sich herabgestuft fühlen, wenn ihr PC gegen einen kleinen Thin Client getauscht wird. „Dies führt bei einigen Anwendern soweit, dass ein Thin Client anstelle eines PC als ein Arbeitsplatz zweiter Klasse empfunden wird."[27] Zudem werden oft Vorurteile gegenüber Performance und Leistung entgegen gebracht. Die Meinung der Benutzer, dass schnelle und leistungsstarke PCs eine gewisse Größe haben müssen, wird an dieser Stelle deutlich. Um dagegen zu wirken, ist es wichtig den Benutzern gute Antwortzeiten zu bieten. Wenn die Umsetzung eines Mausklicks oder einer Tastatureingabe zeitnah auf dem Monitor zu sehen ist und ohne große Verzögerung ausgeführt wird, werden die Anwender mit Thin Clients keine Probleme haben. Dazu zählt zusätzlich die visuelle Rückmeldung des Servers. Um diese Latenzzeiten zu minimieren, sollten die Server ausreichend dimensioniert werden. Zukünftige Probleme durch Auslaufen der Softwareanbieter muss bei Citrix und Microsoft nicht befürchtet werden. Das Gegenteil ist der Fall: Da der Markt des SBC aktuell im Wachstum ist, können mit weiteren Verbesserungen in den nächsten Monaten und Jahren gerechnet werden. Dafür wird zusätzlich die Konkurrenz unter diesen beiden Unternehmen sorgen. Beide Firmen sind dafür bekannt, die neue Software-Release auf der alten aufzubauen. Somit wird ein Update auf ein neueres Produkt ohne größere Probleme von statten gehen. „Daher gilt Server Based Computing auch langfristig nicht als technologische Sackgasse."[28]

Um SBC in einem Unternehmen einzuführen, ist eine hohe Investition am Beginn des Vorhabens von Nöten. Diese relativiert sich aber über die Jahre. Deshalb sollte vor der Realisierung eine Strategieplanung durchgeführt werden. Sollte diese

---

[27] Vgl. http://cc-asp.fraunhofer.de/docs/PCvsTC-de.pdf, Stand: 20.02.2010
[28] Vgl. http://cc-asp.fraunhofer.de/docs/PCvsTC-de.pdf, Stand: 20.02.2010

Technologie vielleicht schon in naher Zukunft wieder ausgewechselt werden, werden die Anfangskosten nicht amortisiert. SBC ist keine Möglichkeit um kurzfristig Ausgaben einzusparen.[29]

5. Wirtschaftlichkeit

Wenn es um die Wirtschaftlichkeit eines SBC-Projektes geht, müssen die Kosten dem zu erwarteten Nutzen gegenübergestellt werden. In der Regel heißt das, dass eine Alternative gefunden werden muss, mit der das Projekt verglichen wird. Zudem gibt es im Bereich SBC verschieden Möglichkeiten in der Einführung. Diese wurden schon vorgestellt. Wenn es darum geht eine näher zu betrachten und diese mit einer Alternative zu vergleichen müssen verschiedene Faktoren beachtet werden, damit SBC zu einem Erfolg werden kann.[30]

Die Anzahl der Anschaffung von neuen PCs für das Unternehmen ist relativ hoch. Der Kauf musste getätigt werden, da die alten Rechner den Leistungsanforderungen der neuen Anwendungen nicht gewachsen waren. Innerhalb des Unternehmens wird ein langfristiges Kostensenkungsprojekt vorangetrieben, bei dem es zu anfänglichen, hohen Investitionen kommen kann. Die Workstation sollen über einen Zeitraum von mindesten fünf Jahren betrieben werden. Als weiterer Faktor steht eine homogene Softwareumgebung bei einer Vielzahl von Benutzern. Das heißt, dass die Anwender im Allgemeinen die gleichen Programme benutzen und es nur wenige Unterschiede gibt. [31]

Zusätzlich müssen die humanen Ressourcen geprüft werden. Nicht jeder Administrator, der Client-Server-Technologien verwalten kann ist für SBC geeignet. An dieser Stelle müssen entweder neue qualifizierter Arbeitskräfte auf dem Stellenmarkt gesucht werden oder das unternehmen investiert in Weiterbildungen.

5.1. Einsparung von Kosten und Umweltbelastung

Ob ein Thin Client wirtschaftlicher ist, als Fat Clients beziehungsweise Fat Clients wurde in einer Studie des Fraunhofer Institut untersucht. Dort wurden realitätsnahe

---

[29] Vgl. http://cc-asp.fraunhofer.de/docs/PCvsTC-de.pdf, Stand: 20.02.2010
[30] Vgl. http://cc-asp.fraunhofer.de/docs/PCvsTC-de.pdf, Stand: 20.02.2010
[31] Vgl. http://www.bitkom.org/files/documents/ThinClient_web.pdf, Stand 28.12.2009

Faktoren geschaffen, um zu testen welches System für die Umwelt und für den Profit rentabler ist.

Als Ausgangsbasis wurden folgende Eckdaten vorausgesetzt. Ein Benutzer arbeitet 220 Arbeitstage im Jahr. Ein Arbeitstag geht über 8 Stunden. In dieser zeit ist der PC durchgehend an und wird nach getaner Arbeit ausgeschaltet. Die Server, an denen die Thin Clients angeschlossen sind laufen 24 Stunden pro Tag und das an allen sieben Tage der Woche. Pro Server wurden 35 Anwender gerechnet. Eine Kilowattstunde Strom kosten das unternehmen 0,15 Euro. Um ebenfalls die Umweltbelastung auszurechnen, wird die Kilowattstunde nach deutschem Strommix mit 0,63 Kilogramm CO_2 belastet. [32]

	Thin Client	TC+Server+Kühlung (35 User / Server)	Workstation
Leistungsaufnahme / Arbeitsplatz pro Stunde (W)	16	30	85
Kosten / Arbeitsplatz pro Jahr (Euro)	4,20	17	27,40
CO_2 Emissionen / Arbeitsplatz pro Jahr (KG)	17,7	71,4	117

Abbildung 7: Studie des Fraunhofer Instituts zum Stromverbrauch und der Umweltbelastung[33]

Aus der Studie geht hervor, dass sich schon bei einer kleinen Anzahl von Benutzern ein Investment in den Betrieb von SBC-Technologie rechnet. In dieser Studie sind die Anschaffungskosten für die Thin Clients und Server nicht inbegriffen. Deutlich wird, dass durch die Einführung von SBC nicht nur Einsparungen in den Stromkosten möglich werden, sondern eine erhebliche Reduzierung im Schadstoffausstoß passiert. Dieser Punkt ist gerade wichtig, wenn es um den Punkt Arbeitsumgebung der Mitarbeiter oder Green IT geht. Beide

---

[32] Vgl. http://www.bitkom.org/files/documents/TOP_6__Knermann_25-09-2007.pdf, Stand: 13.01.2010
[33] Eigene Darstellung in Anlehnung an http://cc-asp.fraunhofer.de/docs/PCvsTC-de.pdf, Stand: 20.02.2010

Punkte bieten eine Verbesserung des Images des Unternehmens. Welcher Mitarbeiter möchte nicht in einer Umgebung arbeiten, in der für eine Reduktion von Schadstoffen gesorgt wird und auf das Wohl dieser geachtet wird. Der zweite Punkt, in dem es um einen Ausstoß von weniger Schadstoffen geht, kann zu einer weit reichenden Werbung in Sachen Umweltbewusstsein führen. In der deutschen Öffentlichkeit werden Firmen, die sehr auf die Umwelt achten, positiv bewertet und können in der Gunst der Kunden steigen. [34]

Daher wird durch diese Studie klar, dass es sich bei SBC nicht nur um eine Technik handelt, die zu Kostenersparnis führt, sondern ebenfalls das Image des Unternehmens bei den Mitarbeitern, der Öffentlichkeit und den Kunden verbessert.

6. Fazit

Bevor ein Unternehmen sich für SBC entscheidet sollte es genau abwägen, ob sich diese Technik rentabel und zweckdienlich ist. Es gibt genügend Argumente, die dagegen sprechen könnten.

Ein wichtiger Nachteil ist die Ständige Netzwerkverbindung zum Server die gehalten werden muss. Gerade in unternehmen mit vielen Standorten, die vielleicht sogar über komplett Deutschland verteilt sind, könnte dieses zum Problem werden, da die ständige Internetverbindung nicht garantiert werden kann. Dazu würde zwar eine Standleitung zwischen den Standorten beitragen, aber selbst diese kann kurzfristig ausfallen oder beschädigt werden. Somit ist das Unternehmen gezwungen Insellösungen für jeden Standort zu finden. Diese sollten dann aber jeweils über eine Mindestanzahl an Benutzern verfügen, damit sich die Anschaffung von Terminalservern lohnt. Für den Vertrieb wird es bei dieser Arbeitsweise ebenfalls ein Problem geben. Aktuell ist nicht das komplette Bundesgebiet mit Mobilfunk und damit für entsprechende Datenübertragung über UMTS oder GPRS ausgestattet. Somit wird es für den Vertrieb der viel unterwegs ist schwierig mobil auf, zum Beispiel sein ERP-System zu gelangen und die richtigen Daten aufzurufen. Ein weiteres Problem in Sachen Netzwerkverbindung sind Homeoffice-Arbeitsplätze. Damit ein Benutzer von zu Hause auf die Server zugreifen kann, braucht er ebenfalls eine gute Internetverbindung zum Unternehmen. Deshalb sollte sich ein

---

[34] Vgl. http://www.bitkom.org/files/documents/ThinClient_web.pdf, Stand 28.12.2009

Unternehmen, welches viele Anwender außerhalb arbeiten hat, sei es als Vertrieb, in kleineren Standorten oder zu Hause, überlegen, ob sich SBC für dieses lohnt. Der zweite große Nachteil ist die Komplexität von der SBC-Technologie. Es ist für einen Betrieb nicht einfach die Umstellung zu realisieren, da auf viele Faktoren geachtet werden muss. Ein Punkt sind die Arbeitskräfte, die über die nötige Qualifikation verfügen. Nicht jeder IT Administrator, der sich um Client-Server-Technologie kümmert hat die Fähigkeiten, um SBC zu betreuen und einzuführen. Eine Möglichkeit wäre teure Fachkräfte einzustellen, die andere seine vorhandenen Mitarbeiter zu schulen und zertifizieren. Wenn man seine IT entsprechen schult behält sich das Unternehmen das interne Wissen der Mitarbeiter bei und kann darauf aufbauen.

Einer der Punkte, der ebenfalls oft negativ ausgelegt wird, sind die einmaligen Umstellungskosten. In Unternehmen reichen für Konvertierung auf SBC meistens nicht die vorhanden Server, da diese im Vorfeld andere Aufgaben erledigen mussten, die meistens nicht so rechenintensiv waren, wie es bei SBC der Fall wäre. Daher ist ein Wechsel auf Server mit größeren Prozessoren. Diese sollten im Bestfall über mindestens zwei, beziehungsweise vier oder acht Kerne verfügen. Dazu sollte der Arbeitsspeicher maximal aufgerüstet sein, damit es auf dieser Seite zu keinen Performanceeinbußen kommt. Auch bei der Wahl der Festplatten sollte darauf geachtet werden, dass schnelle und qualitativ sehr hochwertige Platten genutzt werden. Die Server müssen ebenfalls regelmäßig gesichert werden. Das Backup sollte im Bestfall mehrfach am Tag erfolgen. Bei einem Ausfall des Rechenzentrums oder eines Servers, der für SBC von hoher Bedeutung ist, muss sofort auf ein anderes Rechenzentrum oder anderen Server umgestellt werden können, der mit dem redundanten Datenbestand arbeiten kann. Am besten wäre es, wenn diese Wechsel dem Benutzer nicht auffallen und das Arbeiten über die Server unterbrechungsfrei weiterlaufen würde.

Jetzt kommen wir zu den positiven Seiten von SBC. Als erstes die Kostenersparnis im laufenden Betrieb. Durch die kleinen Thin Client PCs, die durch ihre Bauweise weniger Strom verbrauchen. Dadurch, dass in diesen nur Bauteile verwendet wurden, die nicht rotieren oder sich bewegen, ist der Verschleiß niedriger und die Dauer der Haltbarkeit von Durchschnittlich drei auf fünf Jahre erhöht. Zuden sind die Anschaffungspreise für einen Thin Client im Vergleich zu einem Fat Client niedriger. Selbst wenn die Kosten für die Anschaffung des Servers, auf dem die Anwendungen liegen und zur Verfügung gestellt werden mitgerechnet werden, lohnt sich SBC nach einer gewissen Zeit. Einen festgelegten Zeitraum bis zur Rentabilität gibt es nicht. Dieser ist für jedes Unternehmen individuell. Einen Einblick über die unterschiedlichen Betriebskosten zwischen SBC und Client-Server-Technologie gab es im Kapitel Wirtschaftlichkeit. Dort wurden in einer Studie des Fraunhofer Instituts die Unterschiede in Sachen Stromverbrauch unter unternehmensähnlichen Umständen genauer verglichen und ausgewertet.

Der nächste Aspekt ist der fallende Administrationsaufwand. Bei Client-Server-Technologie werden alle Anwendungen auf den einzelnen PC installiert. Diese sgeschieht zwar oftmals über Softwareverteilung, doch muss dieses im Vorfeld in Testumgebungen aufwendig simuliert und überprüft werden. Wenn ein Benutzer Probleme mit seinem PC

- O Administrationsaufwand
- O Umweltfreundlichkeit
- O Platzverbrauch
- O Zeitersparnis

Literaturverzeichnis

Monographien

Zöller, Bernhard (2009): Thin Client vs. Fat Client, 1. Auflage, 2009

Petersen/Rathgeber/Richter (2005): IT-Handbuch, Westermann Verlag, Braun-
schweig, 4. Auflage, 2005

Internetseiten

http://it.umsicht.fraunhofer.de/TCecology/docs/TCecology2008_de.pdf, Stand
03.01.2010, Studie: Ökologischer Vergleich der Klimarelevanz von PC und
den Thin Client Arbeitsplatzgeräten 2008, Fraunhofer Institut Umwelt-,
Sicherheits-, Energietechnik Umsicht

http://cc-asp.fraunhofer.de/docs/PCvsTC-de.pdf, Stand: 20.02.2010, PC vs. Thin
Client, Fraunhofer Institut Umwelt-, Sicherheits-, Energietechnik Umsicht

http://www.thinclient.net/pdf/Thin_Client_Benefits_Paper.pdf, Stand 02.01.2010,
Thin Client Benefits, Newburn

http://www.bitkom.org/files/documents/ThinClient_web.pdf, Stand 28.12.2009, Thin
Client und Server Based Computing, Bundesverband Informationswirtschaft,
Telekommunikation und neue Medien

http://www.bitkom.org/de/themen/60123_45663.aspx, Stand 13.01.2010.
Entscheidende Vorteile von Thin Clients und Server Based Computing,
Bundesverband Informationswirtschaft, Telekommunikation und neue Medien

http://www.mittelstandswiki.de/Server-based_Computing,_Teil_2, Stand
13.01.2010, Server Based Computing, MittelstandsWiki

http://de.wikipedia.org/wiki/Server_based_Computing, Stand: 15.11.2010, Server
Based Computing, Wikipedia

http://www.bitkom.org/files/documents/TOP_6__Knermann_25-09-2007.pdf, Stand:
13.01.2010, PC vs. Thin Client, Fraunhofer Institut Umwelt-, Sicherheits-,
Energietechnik Umsicht & Bundesverband Informationswirtschaft,
Telekommunikation und neue Medien

http://de.wikipedia.org/wiki/Thin_Client, Stand: 12.01.2010, Thin Client, Wikipedia